LE
CHEPTEL DE FER

Explication des Articles 1821-1826 du Code Civil

PAR

L.-A. THAUMAS

LIBRAIRIE
DE LA SOCIÉTÉ DU RECUEIL SIREY
22, rue Soufflot, PARIS (5ᵉ arrond')
Léon TENIN, Directeur

1921

LE
CHEPTEL DE FER

LE
CHEPTEL DE FER

Explication des Articles 1821-1826 du Code Civil

PAR

L.-A. THAUMAS

LIBRAIRIE
DE LA SOCIÉTÉ DU RECUEIL SIREY
22, rue Soufflot, PARIS (5ᵉ arrond')
Léon TENIN, Directeur

—

1921

LE CHEPTEL DE FER

Explication des Articles 1821-1826 du Code Civil

CHAPITRE PREMIER

Le fermier qui a reçu du propriétaire, en même temps que la ferme, un cheptel servant à l'exploitation de cette ferme, est-il tenu de restituer, à la fin de son bail, un cheptel semblable, ou un cheptel du même prix?

La liberté des conventions, principe dominant notre droit civil, formellement consacré en matière de contrat de cheptel par les articles 1800 et 1803 du Code civil, permet aux parties de choisir le genre de restitution qui leur convient. Il n'est pas moins certain que la restitution, en nature, d'un cheptel semblable à celui qui a été fourni par le propriétaire, répond seule à la nature essentielle, au but logique et rationnel du contrat de cheptel ; la restitution d'un cheptel du même prix, de même valeur vénale, étant la négation même de l'idée de cheptel de fer.

Les articles 1821 à 1826 du Code civil qui doivent servir, à défaut de conventions particulières (art. 1803), à régler les rapports des contractants, à interpréter leur volonté en cas de doute, exigent-ils la restitution d'un cheptel de « valeur pareille », au sens normal du mot valeur, c'est-à-dire un cheptel de même nature, de même valeur intrinsèque, agricole, ou la restitution d'un cheptel de même valeur au sens vulgaire et détourné du mot valeur, un cheptel du même prix nominal.

On a soutenu que le Code civil exigeait uniquement la restitution d'un cheptel du même prix, en invoquant le texte de l'article 1821 qui, dans une malheureuse définition du « cheptel donné au fermier », porte : « Ce cheptel (aussi « appelé *cheptel de fer*) est celui par lequel le propriétaire « d'une métairie la donne à ferme, à la charge qu'à l'expira- « tion du bail, le fermier laissera des bestiaux d'une valeur « égale au prix de l'estimation de ceux qu'il aura reçus. »

Certaines décisions judiciaires ont, en se basant sur cet article, autorisé les fermiers à s'emparer du cheptel du pro- priétaire, et condamné les propriétaires à payer des indemnités aux fermiers, pour conserver leur cheptel. Mais il y a manifestement là une fausse interprétation de la loi et, presque toujours, de l'intention des parties. On ne peut l'admettre sans arriver à une violation de la loi.

Un principe élémentaire défend de modifier la volonté évidente du législateur : on ne fait pas autre chose en prenant un texte équivoque, sans essayer d'en comprendre le sens et la portée, sans tenir compte des textes voisins, pour organiser un système diamétralement opposé au but voulu par ses rédacteurs.

Cette règle essentielle, les auteurs du Code civil la rappellent eux-mêmes lorsqu'ils écrivent qu'il est du devoir de l'interprète « d'étudier l'esprit de la loi quand la lettre tue, et de ne pas s'exposer au risque d'être tour à tour esclave et rebelle, et de désobéir par esprit de servitude ». (Discours préliminaire.)

Tous les jurisconsultes ont reconnu cette obligation de l'interprète.

« L'œuvre de l'interprète est de reconstituer la pensée du
« législateur... L'interprète a le droit et le devoir de s'écarter
« du sens littéral de la loi, lorsqu'il est démontré que le
« législateur a dit autre chose que ce qu'il voulait dire...

« L'interprétation qui, en pareil cas, s'en tiendrait au sens
« littéral de la loi, sacrifiant ainsi son esprit certain à sa lettre,
« serait une interprétation *judaïque*. » (Baudry-Lacantinerie.)

« Il peut y avoir lieu à interprétation de la loi... lorsque
« cette rédaction, quoique présentant un sens déterminé,
« n'exprime pas exactement la pensée du législateur... Il faut
« tenir compte de l'esprit et de l'objet du texte..., rejèter une
« application de la loi qui consacrerait une iniquité mani-
« feste, ou qui supposerait, de la part du législateur, une
« inconséquence flagrante. » (Aubry et Rau.)

Dans le cas des articles 1821 à 1826 du Code civil, il est aussi difficile de se méprendre sur la volonté certaine du législateur, si l'on consent à la rechercher, qu'il est facile d'apercevoir l'origine de l'apparente contradiction de l'article 1821 et de la pensée de ses rédacteurs.

Cette pensée, la même qui inspirait les anciennes coutumes et les édits royaux, vise à encourager les propriétaires à fournir un cheptel aux fermiers et métayers dénués de ressources suffisantes; on voit là une opération conforme à l'intérêt général du pays, en même temps qu'aux intérêts des propriétaires et des fermiers.

Ce but explique la faveur particulière dont fut toujours entouré ce contrat de cheptel de fer, autorisé dans l'ancien droit malgré l'analogie qu'il présente avec le prêt à intérêt, jadis prohibé. C'est uniquement pour assurer au propriétaire la restitution certaine du troupeau, qu'il est invité à fournir avec le fonds, que l'on admet cette forme du cheptel *de fer*, c'est-à-dire indestructible, permanent, grâce à laquelle les risques de perte de toute espèce sont à la charge du preneur (*art.* 1825), le bailleur devant, quoiqu'il arrive, retrouver le troupeau qu'il a donné à bail, en même temps que la ferme, troupeau qui est partie intégrante de cette ferme, indispensable à la bonne exploitation de cette ferme.

Dans le même esprit, l'article 522 déclare ce cheptel immeuble par destination, l'article 1822 rappelle que, malgré les risques de perte dont il a la charge, le fermier n'a que la jouissance du troupeau, la propriété demeurant au propriétaire.

Enfin, l'article 1826, appuyant toujours sur la même idée, affirme que le fermier, à la fin du bail, ne peut garder le cheptel en payant l'estimation originaire ; ce qu'il doit, c'est le cheptel de fer, en nature, et non une somme d'argent. Ceux qui l'autorisent, par interprétation *judaïque* de l'article 1821, à laisser un cheptel du même prix, c'est-à-dire pas de cheptel du tout, en certains cas, violent, à n'en pas douter, le texte formel des autres articles, principalement de l'article 1826, et l'esprit de la loi, la volonté certaine du législateur.

« Il doit en laisser un de valeur pareille », déclare l'article 1826 ; s'il rend un cheptel du même prix nominal, le fermier ne fait pas autre chose, en cas de hausse des cours, que rendre l'estimation originaire, ce que lui défend le même article 1826 ; en cas de baisse des cours, il rend, au contraire, non seulement un cheptel de valeur pareille, de nature semblable, mais un nombre illimité de cheptels semblables; vérité économique qui aurait dû, semble-t-il, éclairer certains esprits, et faire apparaître « l'iniquité manifeste, l'inconséquence flagrante » de l'interprétation *judaïque* de l'article 1821.

« S'il y a du déficit, il doit le payer », conclut l'article 1826, « et c'est seulement l'excédent qui lui appartient. » Qu'il s'agisse d'un déficit en nature, en quantité ou en qualité, d'un excédent réel de même sorte, la chose est évidente ; ceux qui ont vainement essayé de le contester ont été jusqu'à changer ces mots, en raisonnant sur une « plus-value » et une « moins-value » dont le texte ne porte nulle trace.

La restitution d'un cheptel semblable, voilà donc le but, la *fin* même du contrat, l'explication de toutes les règles posées par le législateur.

Pour arriver à cette fin, l'article 1821 semble proposer un *moyen* : la restitution d'un cheptel du même prix, la comparaison de deux estimation faites, l'une au commencement, l'autre à la fin du bail. Ce moyen ne saurait être admis et employé que dans la mesure où il permet d'arriver au résultat désiré ; il ne peut être employé pour ruiner tout l'édifice du législateur, pour conduire à un résultat tout à fait contraire à celui que l'on veut atteindre. Ce moyen joue parfaitement, et sans avoir de corrections à y apporter, si les cours des bestiaux sont les mêmes au moment de la première et de la seconde estimation. En cas de différence des cours, il est nécessaire de tenir compte de cette différence et de hausser ou baisser les prix de la première estimation, suivant la proportion de la hausse ou de la baisse des cours, avant de comparer les deux estimations.

Que les rédacteurs de l'article 1821 n'aient pas aperçu cette nécessité, qu'ils aient supposé qu'un cheptel du même prix serait, par là même, un cheptel de même valeur naturelle, intrinsèque, cela n'est guère douteux. Ils semblent bien croire que la valeur naturelle et la valeur vénale subiront des variations concomitantes ; ils ne font que suivre l'exemple de Pothier qui suppose que les changements de prix du cheptel indiqueront les changements survenus dans sa composition, sans penser aux variations des cours.

Cette illusion économique n'est, du reste, pas encore éteinte chez tous les juristes.

S'il en était besoin, on trouverait une preuve de plus de l'illusion des rédacteurs de l'article 1821, et de leur véritable dessein, dans la simple comparaison des articles 1811 et 1817 relatifs au cheptel simple. L'article 1811 défend de stipuler que le bailleur « prélèvera à la fin du bail quelque chose de plus que le cheptel qu'il a fourni », et l'article 1817 permet à ce même bailleur de « prélever des bêtes de chaque espèce jusqu'à concurrence de la première estimation », c'est-à-dire, en cas de baisse des cours, de prendre un nombre illimité de fois « ce qu'il a fourni ».

On prétendrait vainement que « ce qu'il a fourni » vise la valeur en argent, car l'article 1811 dit bien : « quelque chose de plus que le cheptel qu'il a fourni » ; et le cheptel c'est « un fonds de bétail », ce n'est pas de l'argent.

Peut-on, encore ici, refuser de voir « l'iniquité manifeste, l'inconséquence flagrante » de l'interprétation littérale qui obligerait le pauvre cheptelier, qu'on cherche à protéger, à rendre dix ou cent fois le troupeau qui lui a été confié?

L'article 1821 n'est que la répétition de l'article 1817. De

même que l'article 1817 s'interprète facilement à la lumière
de l'article 1811, l'article 1821 est éclairé par ceux qui le
suivent ; en voulant s'en tenir à sa lettre, on sacrifie tous les
autres articles et l'on prête aux rédacteurs une conception
incohérente, aussi contraire à l'équité et au bon sens qu'à la
nature même du contrat, à sa raison d'être.

Enfin, si l'on parcourt les différentes parties du Code civi',
on voit que les rédacteurs n'ont pas toujours pris garde au
sens équivoque du mot « valeur », mais qu'ils ont toujours
compris que la restitution d'une chose « de pareille valeur »
exigeait la restitution d'une chose de même valeur naturelle,
intrinsèque, d'une chose semblable, ou l'indemnité nécessaire pour se la procurer.

L'article 587 oblige l'usufruitier à rendre des choses « de
pareille quantité, qualité et valeur, ou leur estimation ». Il est
bien généralement admis que la loi n'exige pas de l'usufruitier que les choses rendues en mêmes quantités et qualités
soient en même temps de même valeur (vénale), du même
prix, que celles qu'il a reçues, ce qui serait vraiment trop lui
demander ! On n'a guère contesté que le mot valeur dût être
pris dans son sens véritable de valeur intrinsèque, valeur
naturelle, et qu'il fallût rejeter l'acception qui en fait le synonyme de prix. Certains ont alors reproché à ce mot valeur
de faire double emploi avec le mot qualité ; mais, s'il fait
pléonasme, il ne peut qu'appuyer sur le but que l'on se pro-
pose : la restitution d'une chose de même valeur, c'est-à-dire
équivalente en quantité comme en qualité, ou son estimation,
c'est-à-dire le prix, la valeur (vénale) nécessaire pour se la
procurer.

Pour l'article 576 il en est de même. Rendre une chose
de même valeur, c'est rendre une chose « de même nature,
quantité, poids, mesure et bonté, où sa valeur » ; ce qui
revient toujours à dire que deux choses de même valeur sont
deux choses équivalentes réellement, et qu'à défaut de la restitution d'une chose équivalente, en nature, la valeur (vénale)
à fournir sera équivalente, permettra de retrouver une chose
équivalente, en nature.

Comment s'imaginer que dans l'article 1826, un cheptel
« de valeur pareille à celui qu'il a reçu » ne soit pas un
cheptel équivalent, de même valeur agricole, de même valeur
naturelle, intrinsèque. Il n'y a là que l'application de la règle
concernant la restitution des choses fongibles : rendre même
quantité et qualité (art. 1902), ou la valeur de remplacement
(art. 1903) ; ce qui se conçoit aisément, puisque les animaux composant le cheptel sont envisagés comme des choses

fongibles, *in genere*. Ainsi que le remarquent Demante et
Colmet de Santerre, le troupeau, le cheptel, est un corps certain qui « n'existe que d'une façon abstraite, qui se compose
d'êtres qui sont considérés comme des quantités », et « par
là le preneur se rapproche du débiteur de quantités qui a les
choses à ses risques ».

On eut donc tort de supposer parfois un caractère excep-
tionnel à la disposition qui met la perte totale à la charge du
fermier, et de vouloir attribuer à ce dernier, par compensation, le droit à un excédent fictif, à une plus-value que rien
ne justifierait.

Tout comme les textes du Code, les travaux préparatoires
empêchent toute méprise sur le but évident du législateur.

A propos du cheptel simple, et supposant une perte d'animaux, le rapporteur prévoit tout naturellement à la charge
du cheptelier « un remplacement en nature ou en valeur ».
Le remplacement en valeur doit donc être l'équivalent d'un
remplacement en nature, règle normale de la restitution des
choses fongibles.

« Comme c'est un troupeau, dit ailleurs Mouricault, que
le propriétaire a donné avec la ferme, c'est un troupeau de
même valeur que le fermier doit rendre avec cette ferme à la
fin du bail. » Si c'est un troupeau, il est évident que ce n'est
pas une somme d'argent, et pas davantage des animaux jusqu'à concurrence d'une certaine valeur en argent ; car, en
cas de hausse des cours, on ne rendrait qu'un animal ou une
fraction d'animal, ce qui n'a jamais constitué « un troupeau
de même valeur », pas plus qu'un « fonds de bétail », ni un
« cheptel de valeur pareille ».

S'imaginer que le Code civil ait voulu encourager, ou ait
vu d'un bon œil, une spoliation éventuelle du propriétaire
au profit du fermier, compensée du reste, en cas de baisse,
par la ruine totale et complète du fermier, ce serait bien mal
connaître les principes du législateur de l'an XII touchant le
droit de propriété.

« Qu'est-ce qui importe le plus à l'Etat? dit le tribun Jau-
bert ; sont-ce les mutations parmi les propriétaires? Non,
sans doute ; la bonne culture…, l'augmentation des trou-
peaux, voilà les objets qui peuvent faire fleurir nos campa-
gnes, et rien de cela ne peut se retrouver là où les mutations
de jouissance sont trop fréquentes. »

Obliger le fermier à rendre ce qu'il a reçu, c'est l'application des principes du louage dont fait partie le bail à cheptel.
Envisager, au contraire, la restitution d'un cheptel du même
prix, c'est introduire la spéculation, l'aléa dns un genre de

contrat où rien ne le nécessite ; où tout, au contraire, s'y oppose.

Bien que la Cour de Lyon, dans un arrêt de 1874, ait voulu voir dans le cheptel de fer un contrat aléatoire, la vérité juridique se trouvait du côté des premiers juges, dont la décision respectait l'esprit de la loi, la conception traditionnelle du cheptel de fer ; du côté du juriste qui affirmait que, loin d'être un contrat aléatoire, le cheptel de fer est « un contrat réel, synallagmatique, et commutatif », que « cheptel de fer et aléa sont deux termes incompatibles », qu'il était inutile et dangereux de « vouloir gratuitement transformer ces deux hommes, liés par un contrat accessoire à la plus réelle des conventions, en deux spéculateurs qui entendent liquider, non pas à quinzaine, mais dans neuf ou douze ans, des différences résultant d'engagements personnels ». (Grindon.)

Le peu de faveur témoigné au contrat aléatoire par le législateur prouve qu'il ne peut avoir songé à faire du propriétaire et du fermier des joueurs à terme sur un événement aussi incertain que les prix du bétail à une époque future

« Quelle faveur, dit Portalis, dans son Exposé des motifs au
« Corps Législatif, peuvent obtenir auprès des lois les obliga-
« tions et les promesses que le jeu produit, que la raison con-
« damne, et que l'équité désavoue ? Ignore-t-on que le jeu favo-
« rise l'oisiveté, en séparant l'idée du gain de celle du travail,
« et qu'il dispose les âmes à la dureté, à l'égoïsme le plus atroce ?
« Ignore-t-on les révolutions subites qu'il produit dans le
« patrimoine des familles particulières, au détriment des
« mœurs publiques et de la société générale ?... En France,
« les lois ont quelquefois puni le jeu comme un délit ; elles
« ne l'ont jamais protégé comme un contrat. » -

« Le jeu, dit à son tour le rapporteur au tribunat, n'est
« pas une cause licite d'obligation, parce qu'il n'est pas néces-
« saire, qu'il n'est pas utile, et qu'il est extrêmement dangereux. »

Devant le Corps Législatif, le tribun Duveyrier ne s'exprime pas autrement : « Ce monstre anti-social, bien qu'il
« affecte la figure et le maintien d'un contrat, ne mérite pas,
« sans doute, la protection que la loi doit aux conventions
« ordinaires... La loi civile doit le dédaigner, le méconnaître,
« lui refuser son appui. »

Comment accuser ces jurisconsultes d'avoir introduit dans le contrat de cheptel un caractère de spéculation, dont ils voyaient si bien l'inutilité et le danger, si contraire à la nature et au but de ce contrat : la conservation du cheptel fourni par le bailleur. Cette interprétation de la loi, cette constatation de la volonté du législateur, qui ressort de l'examen des textes du Code et des travaux préparatoires, est d'autant moins contestable qu'elle répond seule à la nature du contrat, aux nécessités qui l'engendrent, et qu'elle est seule conforme aux conceptions des jurisconsultes et du législateur antérieurs.

Si les auteurs de la compilation napoléonienne avaient prétendu modifier l'essence même de ce contrat, ils n'eussent pas manqué de le faire remarquer. Or, le but, la fin du contrat de cheptel de fer, que l'on constate à toute époque, c'est d'assurer, sur la ferme, la conservation d'un cheptel toujours identique.

CHAPITRE II

On trouve à des époques lointaines des contrats de cheptel où le bailleur se contente d'indiquer le nombre d'animaux qu'il fournit ; parfois il ajoute leur âge ou la couleur de leur robe. On s'aperçut bientôt que les animaux rendus n'étaient souvent que fort peu semblables à ceux qui avaient été donnés. L'estimation qu'on prend l'habitude de faire sert justement et uniquement à spécifier le genre d'animaux confiés au fermier, pour éviter la restitution d'un cheptel de qualité inférieure ; mais elle ne fait pas l'objet du contrat, du moins normalement et rationnellement ; elle n'est qu'un élément descriptif, le complément d'un inventaire trop sommaire.

« Bestes de fer, parce qu'elles ne peuvent mourir à leur seigneur », écrivait Beaumanoir. Cette définition montre bien le caractère du cheptel de fer qui assure au propriétaire le maintien de son cheptel.

Il ne faudrait pourtant pas croire, comme on le fait souvent, que Beaumanoir, par ces mots « bestes de fer », vise le contrat de cheptel. Il s'imagine qu'ils s'appliquent seulement à un genre spécial de convention usuraire. Il ne voyait, comme sans doute la plupart de ses contemporains et de ses devanciers, dans la convention qui nous occupe, que la forme traditionnelle et normale du bail d'animaux, telle qu'elle s'est maintenue à travers les âges.

Ce sont les discussions et prohibitions relatives à l'usure, chez les canonistes, qui contribuèrent à vulgariser l'emploi de l'expression « cheptel de fer » d'origine hébraïque, pour désigner cette forme de contrat qui permet à celui qui reçoit un loyer pour l'usage d'une chose de ne pas subir les risques de perte de cette chose.

Les idées des canonistes exercèrent leur influence en matière de cheptel simple ; cette influence se retrouve même dans le Code civil par suite d'une inconséquence du législateur qui, établissant le principe de la liberté des conventions et du prêt à intérêt, reproduit en matière de cheptel certaines prohibitions dont il ne paraît soupçonner ni le véritable caractère, ni l'origine.

Pour le cheptel donné au fermier par le propriétaire, on admit, même dans notre ancien droit, malgré les objections de certains théologiens, la validité du « cheptel de fer », comme le font les articles 1800, 1803, 1821 à 1826 du Code civil ; et telle décision du présidial de Bourges que rapporte La Thaumassière, comparée à certaines décisions de nos Cours et Tribunaux, prouve, semble-t-il, que, depuis trois cents ans, les notions relatives au cheptel de fer, à sa nature, à son but, à l'intention des parties, se sont obscurcies en même temps que le souci de l'équité et du respect des conventions.

« Le docte Du Moulin tire le mot de cheptel *a capitibus quia eadem semper capita reddi debent* », écrit La Thaumassière ; un autre commentateur constate que *eadem capita* s'entend de l'obligation de remplacer les têtes qui disparaissent par d'autres semblables « *ut semper integer sit grex* ».

Entretien et conservation d'un troupeau, c'est le but du cheptel de fer reconnu par Pothier, qui « ne voit dans ce contrat rien autre chose qu'un contrat de louage d'une métairie embétaillée ».

D'où vient donc la contradiction apparente que les auteurs des articles 1811, 1817, 1821, ont puisée chez leur guide habituel?

Du fait très simple que Pothier expose les principes, la théorie du contrat de cheptel, sans se douter que l'on pût songer à prendre certains passages de son texte à la lettre pour en tirer une conclusion contraire aux principes mêmes qu'il expose, au lieu d'appliquer la règle *mutatis mutandis*.

Supposons un instant que l'on assigne pour but à quelqu'un de se rendre à Marseille par le train, en lui indiquant en même temps qu'il n'a qu'à prendre le train de 8 h. 45. A la gare, on avertit notre voyageur que les horaires sont changés. Le train de 8 h. 45 va à Genève; le départ pour Marseille est à 8 h. 55 ; que penser de l'intelligence et de l'obéissance du voyageur qui n'hésitera pas un instant à prendre le train de 8 h. 45?

C'est pourtant ce que font ceux qui pensent appliquer l'article 1821 en violant les autres textes et l'esprit de la loi.

Ils chercheraient vainement dans les textes de Pothier une excuse à cette opération.

Pothier dit, en effet, que le fermier « s'oblige de laisser à la fin du bail une quantité de bestiaux d'une valeur égale à la somme à laquelle monte l'estimation de ceux qui lui ont été donnés lors du bail ».

S'il écrit cela, c'est qu'il suppose qu'un cheptel valant, à la fin du bail, la même somme d'argent que valait, au début de la location, le cheptel fourni, sera un cheptel de même valeur, au sens propre du mot, que ce dernier. Les deux cheptels seront équivalents : celui qui est rendu remplace parfaitement celui qui a été donné ; l'obligation du fermier est remplie.

Or, ceci est exact, lorsque les cours du bétail sont les mêmes au début et à la fin du bail, chose qu'on aurait tort de qualifier de « normale », mais qui n'a rien de chimérique, et qui arrive même souvent, du moins aux époques où l'on n'altère pas la monnaie.

Dans l'hypothèse inverse, où les cours du bétail ne sont pas les mêmes à la fin qu'au commencement du bail, la comparaison des prix du cheptel rendu et du cheptel fourni ne pourra donner l'indication qu'on lui demande, que *mutatis mutandis*, c'est-à-dire si l'on tient compte de la différence des cours, en affectant le prix du cheptel reçu par le fermier d'un coefficient correspondant à la hausse ou à la baisse des cours, avant de le comparer au prix du cheptel qui est rendu.

Que Pothier ne soit pas entré dans ses détails ; qu'il n'ait même pas songé aux variations de cours, cela paraît certain. Qu'il y ait dans son œuvre certaines lacunes économiques, certaines contradictions, on peut les excuser en songeant qu'à son époque l'enseignement de l'économie politique n'avait pas pénétré dans l'Ecole de Droit.

Ne faire état dans toutes les explications de Pothier que d'une omission, d'une confusion, ou d'une contradiction, c'est dénaturer complètement la pensée de l'auteur ; car, s'il juge, comme on le fait de son temps, comme on l'a fait avant lui, comme on le fera après lui, que le but du cheptel de fer est la restitution d'un troupeau de « valeur pareille », il ne peut recommander l'emploi du moyen qu'il énonce, qu'avec l'idée évidente, qu'on ne saurait user de ce moyen lorsqu'il conduit, non au but cherché, mais à un résultat opposé.

Pour s'en convaincre, il n'est besoin que de parcourir le *Traité des Cheptels*.

« Ce cheptel est attaché à la métairie » ; il serait donc contradictoire que le fermier pût l'emmener.

Ce fermier « est obligé de laisser dans la métairie, à la
fin du bail, pour autant de bestiaux qu'il y en avait lors du
bail qui lui a été fait. »

« Pour autant de bestiaux » montre bien que ce n'est
pas pour autant d'argent. L'argent est un moyen d'avoir autant
de bestiaux, seule chose importante pour la ferme.

Si un changement dans le prix du cheptel accompagne
nécessairement un changement dans sa quantité, ou sa qualité,
on s'explique les affirmations de ce genre :

« ... Si elles (les bêtes) se trouvent améliorées et d'un plus
grand prix que lors du bail, il doit faire raison... Si le nombre
des bêtes de quelque espèce se trouve moindre qu'il n'était
par le bail, le preneur doit faire raison... Si, hors ce cas, il
vendait les chefs et diminuait le fonds du cheptel... », etc.

Pothier affirme que la propriété du cheptel reste au bailleur qui n'est pas simplement « créancier de la quantité de
bestiaux que le fermier doit laisser à la fin du bail ». Il ajoute
que c'est un tort de voir dans ce contrat « une espèce de vente ».

Enfin l'auteur explique le véritable rôle de l'estimation en
argent qui accompagne le contrat de cheptel; il montre qu'il
ne faut pas voir dans cette estimation l'objet principal de
l'obligation, mais un simple moyen de déterminer les variations survenues dans la quantité ou la qualité du troupeau.

« La maxime *Æstimatio facit venditionem* souffre une
« distinction qui se tire de la différence de la fin pour laquelle
« se fait la prisée. Lorsqu'elle se fait afin que celui à qui une
« chose est donnée par estimation, puisse la retenir en payant
« l'estimation, et soit plutôt débiteur de l'estimation que de
« la chose même, c'est le cas auquel *æstimatio facit vendi-*
« *tionem* ....
« Mais lorsque celui à qui la chose est donnée par estimation,
« *doit la rendre*, et n'a pas le choix de la retenir en payant la
« somme qui a été estimée; lorsque l'estimation se fait, non
« afin que celui qui reçoit la chose par estimation, puisse la
« retenir en payant l'estimation, mais *afin de constater en*
« *quel état est la chose lorsqu'il la reçoit*, et de constater par
« ce moyen de combien elle se trouvera *détériorée ou amé-*
« *liorée...*, on ne peut pas dire en ce cas que *æstimatio facit*
« *venditionem;* la prisée ne se fait pas en ce cas, *venditionis*
« *causâ*, mais *intertrimenti causâ*, pour connaître le déchet
« qui peut survenir sur la chose. Or, la prisée qui se fait dans
« notre cheptel de fer, est dans ce cas;... elle se fait afin de
« pouvoir constater de combien le cheptel se trouvera diminué
« ou augmenté ».

La pensée de Pothier est donc conforme à la conception

logique et traditionnelle du contrat de cheptel, conception qui ne changera pas jusqu'à la rédaction du code civil, et que ce dernier n'aurait pu vouloir abandonner sans y faire allusion.

La période révolutionnaire nous apporte une confirmation absolue de cette conception générale de la nature du cheptel de fer.

A cette époque, par tant de côtés semblable à la nôtre, les prix du bétail, comme ceux des autres choses, connurent d'importantes variations.

Comme aujourd'hui des fermiers songèrent à profiter d'un usage pour introduire un abus; mais les idées régnantes touchant la morale, le droit, l'économie politique, l'équité, l'intérêt général, s'opposèrent à cette prétention. Le législateur rappela nettement la véritable nature du contrat de cheptel.

A ceux qui veulent voir dans l'estimation un moyen de voler le cheptel du propriétaire, on oppose quelques vérités juridiques et morales élémentaires, pour leur montrer qu'elle est au contraire un moyen d'assurer la restitution du cheptel.

On ne voit pas là une innovation, mais « l'application d'un principe déjà existant », comme l'écrit Sabonadière dans son Rapport au Comité de Salut public.

« L'estimation, ajoute-t-il, n'a pour but que de constater la « valeur réelle du dépôt à l'époque de la remise afin d'en « assurer l'entière restitution...; l'estimation n'est donc point « une partie intégrante du contrat...; elle n'est pas faite pour « substituer une valeur nominale à une valeur réelle et faire « ainsi de la chose estimée un objet de spéculation...; le but « de cette estimation est évidemment :

« 1° D'*assurer* au propriétaire la restitution entière du dépôt « qu'il fait entre les mains du locataire;

« 2° D'assurer la culture des terres et la conservation des « espèces, en obligeant ainsi le locataire à rendre la *valeur* « *réelle* des objets qui lui ont été confiés;

« 3° De prévenir les effets de la négligence, de l'ignorance, « de la cupidité et de la mauvaise foi... »

L'auteur affirme qu'il est impossible de reconnaître « à ce « fermier honnête et estimable jusqu'alors, le droit de profiter « de l'estimation qui n'avait eu pour but que de constater la « valeur réelle du dépôt à l'époque de la remise, afin d'en « assurer l'entière restitution, et non de faire d'un homme « honnête et laborieux un fripon oisif... et lui donner le « moyen d'obtenir sans titre et sans mérite, et pour les deux « quinzièmes de leur valeur des propriétés considérables, dont « il ne peut jouir sans reproche, parce qu'elles sont le signe

« toujours présent de sa honte et de sa mauvaise foi, au lieu
« d'être le fruit naturel et la juste récompense de son indus-
« trie. »

En application de ces principes, le décret du 15 germinal
an 3, confirmant les arrêtés des 2 thermidor et 17 fructidor
an 2, oblige les fermiers à rendre les cheptels « en même
nombre, espèce et qualité, qu'ils les ont reçus » (art. 1er); et
« à payer la valeur des têtes qui manquent sur le prix cou-
« rant » (art. 3).

On ne pense pas, comme aujourd'hui certains tribunaux,
que l'estimation soit « sans cause », quand il s'agit de retrouver
même quantité et qualité; car dans le cas où « le bail à cheptel
n'offre qu'une énonciation de la somme à laquelle les bestiaux
ont été évalués, sans désignation de nombre, d'espèce et de
qualité. s'il n'existe même aucun écrit à cet égard, en cas de
contestation à ce sujet, la quantité, l'espèce et la qualité des
bestiaux donnés pourront être déterminés par la voie d'enquête
ou par les experts » (art. 4).

« Les experts prendront toutes les informations et tous les
éclaircissements nécessaires pour découvrir la vérité; ils s'arrê-
teront au montant de l'estimation, et apprécieront combien, au
temps de cette estimation, il a pu y avoir d'espèces différentes
de bestiaux : ils feront aussi attention au nombre convenable
pour l'exploitation de la métairie, etc. »

L'estimation est donc un moyen d'assurer la restitution; et
l'on ne peut même supposer que les parties aient pu la considérer autrement, en faire l'objet même du contrat; l'idée traditionnelle apparaît tellement comme seule juridique, équitable et raisonnable que « toutes conventions, stipulations et
clauses contraires à cette disposition sont regardées comme
non avenues, et demeureront sans effet ».

Telle est, pour le législateur, l'intention des parties dans le
contrat de cheptel de fer. Comment croire que le législateur de
l'an XII prête aux parties l'intention contraire! alors surtout
que rien ne nous y invite.

Le cheptel étant rendu en même quantité et qualité, le
déficit étant payé sur le prix courant, on procède à l'estimation. Pour cela on prend comme base les prix de 1790 aug-
mentés d'un tiers, d'un quart ou d'un cinquième, suivant la
date du bail, et l'on compare l'estimation ainsi obtenue à l'estimation primitive.

On prend en somme pour mesurer une mesure semblable
pour les deux opérations. Quel moyen d'obtenir un résultat
quand il s'agit de mesurer. La petite augmentation tolérée sur
les prix de la seconde estimation, d'autant plus légère que les

différences qui en résulteront, seront payées en papier-monnaie déprécié, est-elle admise en vue de compenser une première estimation qui n'aurait pas été toujours bien exacte? doit-elle simplement servir de fiche de consolation aux fermiers qui ne pourront, comme ils y comptaient peut-être d'après certains exemples, s'emparer du cheptel du propriétaire? On ne le dit pas. Que ce soit pour l'un de ces motifs ou pour les deux, il n'y a là rien qui diminue la portée des principes si clairement reconnus.

Le contrat de cheptel, qui n'est pas destiné à spolier le propriétaire, ne doit pas davantage dépouiller le fermier; la loi du 2 thermidor an 6, le laisse comprendre aux propriétaires qui seraient tentés d'oublier les règles de l'équité et de la bonne foi.

Les estimations qui auront été faites dans un bail à l'époque du papier-monnaie, devront être traduites en valeur métallique, c'est-à-dire dans la monnaie du jour; on veut encore cette fois prendre une même base pour les deux estimations, puisqu'il s'agit de rendre une valeur réelle, un cheptel de valeur pareille, et non un cheptel de même valeur nominale.

Il serait puéril d'imaginer que le législateur de l'an XII, ait eu sur la nature et les règles du contrat de cheptel, une conception différente de celle qu'on avait toujours eu avant lui. Tout le monde savait du reste, à cette époque, distinguer deux dettes qui n'étaient égales que « nominativement et par fiction, sans l'être dans la réalité ». (Cassat., 21 ventôse an XII.)

Quelques-uns s'étonneront peut-être qu'après les événements de la période révolutionnaire, le texte de Pothier ait été reproduit par l'article 1821. On peut accuser une compilation hâtive et aussi la faiblesse économique du législateur, oubliant que la monnaie n'est pas un instrument de mesure invariable, disposant pour le cas, qu'il suppose normal, où les cours du bétail seront les mêmes au début et à la fin de la location, ne supposant pas du reste que l'on pût hésiter, en cas de nécessité, à apporter à l'emploi du moyen estimation, les corrections nécessaires à son bon fonctionnement.

CHAPITRE III

La doctrine et la jurisprudence, au cours du siècle dernier, n'ont pas compris autrement l'intention du législateur. Troplong répète après Pothier que l'estimation n'est faite que pour savoir si la chose confiée est « détériorée ou améliorée ».

« Pour savoir s'il y a déficit, ajoute-t-il, on fait à la fin du
« bail une nouvelle estimation du cheptel. On tient compte
« non seulement de l'augmentation du nombre, mais aussi de
l'amélioration intrinsèque des bestiaux ».

« A quel dommage, écrit-il encore, un domaine ne serait-il
« pas exposé si le fermier sortant était maître de le dégarnir de
« son instrument le plus puissant de production? »

Guillouard dit à son tour : « Le bailleur ayant donné sui-
« vant l'expression de Pothier, une ferme embétaillée, doit la
« retrouver comme il l'a donnée. »

« Le fermier, enseigne-t-on encore aujourd'hui, doit laisser
« un troupeau équivalent à celui qu'il a reçu; s'il y manque
« quelques têtes, il doit en payer la valeur. » (Planiol).

La jurisprudence comprit de même, en général, le caractère essentiel, du cheptel de fer, capital fourni et restituable en
nature.

La Cour de Bourges, le 26 février 1810, affirme que « le
fermier doit laisser des bestiaux tels que l'exploitation puisse
être continuée suivant le mode usité ».

Le 26 janvier 1828, elle répète que « le fermier doit surtout
a la rendue, présenter un cheptel qui offre les mêmes avantages
pour l'exploitation du domaine, que celui pris à son entrée »,

La Cour de Bordeaux reconnaît de même le 20 février 1845
que « l'existence du troupeau sur le domaine est liée à la nature
de son exploitation ».

Le tribunal de Trévoux, le 12 août 1873, disait très justement que « si la loi, au titre du cheptel, dispose que l'excédent
« du cheptel appartiendra au fermier sortant, ce n'est que
« lorsque le cheptel s'est augmenté par le nombre ou bien
qu'il a été amélioré; qu'en effet un fonds de bétail est de ces
« choses *quæ ex natura suâ augmentum et detrimentum reci-*
« *piunt* ».

Le tribunal suppose avec Pothier dont il reproduit le texte
que l'excédent, *augmentum*, seul à considérer, est l'excédent
en nature, *ex natura suâ*, la plus-value vénale n'ayant du reste
aucun intérêt pour le propriétaire qui n'est pas vendeur.

La Cour de Lyon, par un regrettable arrêt du 11 juin 1874,
réforme le jugement du tribunal de Trévoux et condamne le
propriétaire à payer au fermier une indemnité représentant la
plus-value de valeur vénale.

A l'appui de sa décision, la Cour de Lyon n'apporte aucune
bonne raison. Il lui était du reste impossible de trouver l'explication d'une prétendue volonté du législateur, alors que
cette volonté est évidemment contraire; de montrer les raisons

qui auraient guidé le législateur dans un choix qu'il n'a pas fait, en vue d'une hypothèse qu'il ne prévoit pas.

La première erreur de la Cour de Lyon fut de vouloir appliquer le texte de la loi dans une espèce où rien ne le permettait, les conventions des parties prévoyant une restitution « tête par tête, âge par âge », tout à fait opposée à la restitution d'un cheptel de même prix.

C'était oublier, comme l'a fait encore récemment la Cour de Riom, dans un cas analogue, que « les dispositions légales « simplement déclaratives de la volonté présumée des contrac- « tants ne doivent être appliquées qu'aux points sur lesquels ils « ne se sont pas expliqués ou ne l'ont fait que d'une manière « incomplète ». (Aubry et Rau.)

Dans ses attendus, la Cour de Lyon dit d'abord que la « plus-value » est due au fermier parce qu'il est tenu de la moins-value. C'est là un pur sophisme, une pétition de principes, puisque c'est toute la question de savoir si la plus-value et la moins-value, ne correspondant à aucun excédent ou déficit réels, doivent entrer en ligne de compte.

Dire ensuite que le fermier a droit à la plus-value parce qu'il est tenu de la perte totale, c'est oublier que, dans le cas où la perte totale n'est pas à la charge du fermier, la solution reste la même, si c'est la loi.

La Cour, sans s'en douter, reprenait à son compte une vieille objection de théologiens contre le prêt à intérêt, contre le cheptel de fer considéré comme usuraire; elle pouvait voir la réfutation de cette objection déjà dans notre ancien droit.

Pothier, par exemple, disait aux canonistes intransigeants que « le propriétaire d'une chose peut licitement et sans blesser la justice, se décharger du risque de sa chose, et charger de ce risque une autre personne, en payant à cette personne le prix du risque dont il la charge ».

Le prix de ce risque ne saurait se trouver dans une hypothétique plus-value, comme le prétend l'auteur de l'arrêt de 1874; il se trouve, comme le voyaient déjà les anciens auteurs, dans les conditions générales du bail. (La Thaumassière, Pothier, etc.)

En disant que le législateur n'a pas distingué entre les causes de plus-value : soins du fermier ou circonstances accidentelles, la Cour de Lyon remplace le mot « excédent » par le mot « plus-value ». Il s'agit d'un excédent réel, *ex natura*, dans la nature du cheptel, dans sa valeur naturelle; le législateur n'avait donc pas à distinguer; tout cet excédent, dû à ses soins ou au hasard, appartient au fermier qui doit rendre simplement même quantité et qualité.

Là où il est nécessaire de distinguer, pour l'interprète qui veut sainement interpréter, c'est entre l'excédent réel et une plus-value vénale qui ne correspond à aucun excédent réel; car l'absence de distinction ne signifie pas de la part du législateur qu'il ait voulu confondre, et dénaturer le contrat qu'il recueillait dans notre ancien droit.

« L'esprit de la loi prévaut sur son texte en tant qu'il s'agit « de mesurer la portée de la loi, c'est-à-dire de déterminer les « hypothèses auxquelles elle est applicable. » (Baudry-Lacantinerie).

La Cour de Lyon prétend voir dans le contrat de cheptel de fer « une convention particulière qui comporte un aléa pou- « vant être favorable ou défavorable à l'un ou à l'autre des « contractants ».

Il n'y a là que l'affirmation gratuite de ce que l'on cherche vainement à prouver; car le propre du cheptel *de fer* est de supprimer tout aléa pour le propriétaire, ce qui n'empêche pas le contrat d'être commutatif, les obligations respectives des contractants étant parfaitement connues et déterminées.

Le législateur qui témoigne si peu de faveur au contrat aléatoire, ne pouvait songer à l'introduire dans une matière où tout s'accorde pour l'exclure.

L'arrêt dit en terminant que « si l'estimation tête par « tête, âge par âge, oblige le fermier à rendre un même « nombre de bêtes du même âge, elle ne lui enlève pas son « droit à être payé en argent de l'excédent de valeur qu'il laisse « à la fin de son bail ».

Nous avons déjà signalé l'erreur juridique de ceux qui veulent appliquer la loi, qui prévoit, d'après eux, la restitution d'un cheptel du même prix, en présence d'une convention exigeant la restitution d'un cheptel de nature semblable.

Il n'y avait pour la Cour de Lyon aucune raison d'ajouter à l'obligation du fermier, née du contrat, une autre obligation, à la charge du propriétaire, qui ne serait au fond que la négation de la première.

Demolombe montrait déjà le ridicule d'une pareille exigence lorsqu'il écrivait à propos de l'article 587 : « ... Il est « par trop évident que la valeur marchande des denrées est « complètement indépendante du fait de l'usufruitier et qu'on « exigerait ainsi de lui une condition impossible, à moins de « dire qu'il y aurait, de part et d'autre, à payer une différence « soit en plus, soit en moins, suivant que le prix des denrées « aurait augmenté ou diminué dans l'intervalle de l'ouverture « à l'extinction de l'usufruit; mais ce règlement lui-même « serait injustifiable, puisque l'usufruitier en restituant des « choses de même quantité et qualité que celles qu'il a reçues,

« est réputé restituer identiquement les mêmes choses, et qu'il
« ne reste plus dès lors entre les parties, aucune cause d'obli-
« gation. »

Guillouard ne s'exprime pas autrement lorsqu'il fait remarquer à propos de la restitution des choses fongibles, qu' « il
« faut prendre parti entre ces deux idées : obliger l'emprun-
« teur à restituer la même quantité ou la même valeur de
« choses pareilles à celles reçues ».

«La restitution en mêmes espèces, quantités et qualités,
« dit-il encore, est un système plus juridique, plus simple, plus
« conforme à la tradition que celui qui obligerait l'emprun-
« teur à restituer des choses de même valeur. »

Ceci s'applique d'autant mieux au contrat de cheptel que
le bail d'animaux se pratiquait sous la même forme du cheptel
de fer bien avant l'apparition de la monnaie métallique et de
cette monnaie fictive, le papier-monnaie, à l'époque où la
monnaie, *pecunia*, c'était le bétail lui-même, *pecus*.

L'arrêt de 1874, aussi peu fondé qu'il fût, n'en a pas moins
constitué un « précédent », et aux yeux de beaucoup toute la
jurisprudence.

CHAPITRE IV

A l'heure actuelle, en présence de la nécessité d'interpréter
les articles 1821 à 1826 du Code civil, certains tribunaux ont
parfaitement compris la portée de l'article 1821, en respectant
l'intention du législateur et celle des contractants; d'autres ont
préféré suivre la Cour de Lyon et reproduire les motifs de son
arrêt. Aucune raison sérieuse n'a pu du reste et ne pourra être
apportée à l'appui d'une interprétation si opposée à la nature
du contrat de cheptel de fer.

Un jugement du tribunal de Rodez dépouille les hospices
de cette ville d'une partie de leur cheptel au profit du fermier,
par des motifs aussi nombreux que peu concluants, inspirés en
majeure partie de l'arrêt de 1874, et parfois de conceptions
personnelles.

Le tribunal repousse la distinction entre l'excédent réel et
l'excédent nominal, entre la valeur réelle et la valeur commer-
ciale, par des motifs de ce genre :

« Attendu que la valeur en elle-même d'un objet est
« quelque chose d'abstrait, hors de la réalité ,inutilisable, ne
« s'applique qu'à des espèces rares, de grand luxe, hors du com·
« merce ou de l'usage courant; que de par la définition même
« du mot, une valeur intrinsèque reste forcément invariable,
« immuable dans le temps et dans l'espace, et qu'en offrant

« de comparer la valeur purement intrinsèque du cheptel en
« 1907 à celle de 1918, le défendeur arriverait à faire naïve-
« ment la même appréciation et les mêmes calculs sur les
« mêmes bases...

« Attendu que dans ces conditions, la distinction que l'on
« voudrait établir entre ces deux valeurs est factice, purement
« intellectuelle et hypothétique, contraire à la réalité écono-
« mique, et par suite indéterminable... » (Tribunal de Rodez,
audience du 15 avril 1918, présidence de M. Capdepic, juge. —
La Loi, 14 août 1918.)

La Cour de Montpellier confirme ce jugement; elle adopte
les motifs des premiers juges sans en donner de plus sérieux.

La Cour de Toulouse, confirmant un jugement du tribunal
de Villefranche, partage la plus-value entre le propriétaire et
le fermier. Cette transaction, comme le jugement de Salomon,
semble un aveu d'impuissance à découvrir la vérité, qu'il est
cependant facile d'apercevoir.

Le Tribunal de Poitiers reproduit également les motifs de la
Cour de Lyon, en 1874, et découvre même d'autres raisons
d'ordre juridique et économique d'accorder la plus-value au
fermier; mais ces motifs, comme ceux fournis par le Tribunal
de Rodez, dénotent chez leur auteur d'étranges illusions, tant
sous le rapport du droit que de l'économie politique.

On nous dit, à peu près comme à Rodez, que « s'il fallait
du reste apprécier la valeur culturale et intrinsèque des bestiaux..., on serait amené à leur donner une valeur culturale et
intrinsèque très considérable, qui pourrait être égale à la
valeur vénale actuelle ».

L'auteur de ces lignes s'imagine sans doute qu'on peut à
volonté « donner une valeur culturale et intrinsèque » plus ou
moins considérable à un cheptel déterminé : mais il n'y a là
qu'une idée un peu vague des différentes acceptions du mot
valeur.

Non seulement cette valeur intrinsèque « peut » être égale
à la valeur vénale actuelle, mais elle « doit » l'être ou, pour
employer une terminologie plus exacte, un cheptel de même
valeur intrinsèque et culturale doit nécessairement présenter
une valeur vénale, un prix égal au prix qu'aurait aujourd'hui
le cheptel primitif. Il ne faudrait pas en effet parler d'une
valeur intrinsèque égale à la valeur vénale, comme si la valeur
intrinsèque était une somme d'argent!

Le Tribunal de Poitiers suppose que le Code Civil « a voulu
« couper court à un mode de liquidation absolument défec-
« tueux à raison de la fluctuation anormale des valeurs de
« toutes choses après la Révolution ».

Il s'agit du mode de restitution « par individualité de tête de bétail employé dans la période immédiatement antérieure au Code Civil ».

En résumé, ce qui paraît défectueux au Tribunal, c'est la restitution normale du cheptel en nature, c'est la conception traditionnelle que le législateur du droit intermédiaire ne faisait que préserver des atteintes « de l'ignorance et de la mauvaise foi ». (Rapport au Comité de Salut public. — Sabonadière.)

Ce qui paraît défectueux au Tribunal, c'est de ne pas retrouver une « valeur » en argent, l'argent étant sans doute, à son avis, la valeur par excellence, la valeur fixe au milieu « de la fluctuation anormale des valeurs de toutes choses ». Il n'y a malheureusement là qu'une vieille erreur dénoncée depuis des siècles, qu'il n'est pas du rôle des tribunaux d'entretenir.

Accarias mentionne chez les Romains cette « idée tout à fait fausse, savoir, que la valeur des monnaies serait absolument fixe, au lieu que celle des denrées se prête à des variations nombreuses ».

Nous avons vu avec Guillouard que « la restitution en mêmes espèces, quantités et qualités, est un système plus juridique, plus simple, plus conforme à la tradition... », et rien, absolument rien, ne permet de dire que les auteurs du Code aient eu une conception différente de celle que nous trouvons chez le législateur du droit intermédiaire, chez Pothier et les anciens auteurs, alors même que les notions économiques des uns et des autres n'aient pas eu toute la netteté désirable.

Pour accorder au fermier la plus-value, on a dit encore que « l'estimation prévue par la loi a pour objet de mettre les animaux aux risques et périls du fermier ». (Montpellier, etc.)

Il ne faut pas oublier que l'estimation n'est pas du tout une condition nécessaire; que l'obligation de rendre un cheptel de valeur pareille met seule les risques à la charge du fermier, alors même qu'il n'y aurait pas eu d'estimation.

Inversement il peut y avoir une estimation et les risques resteront, par convention, en tout ou en partie, à la charge du bailleur.

L'estimation « met aux risques », cela veut dire uniquement qu'elle détermine ces risques, qu'elle en indique la portée, l'étendue. Elle est le moyen d'indiquer la nature du cheptel remis, seule, ou accompagnée d'indications complémentaires sur les nombres, espèces, etc.; on ne peut donc avant cette estimation savoir quel est le cheptel donné, quels sont les risques.

Il y a là quelque chose qui n'est pas sans analogie avec le cas prévu par l'article 1585 du Code Civil pour la vente des marchandises qui sont vendues au poids, au compte ou à la mesure.

Cela s'explique facilement quand on se souvient du caractère de choses fongibles que présentent les animaux composant le cheptel.

Il s'agit du reste uniquement des risques de perte dont le fermier a la charge par suite de ce caractère de fongibilité des animaux et de la nature particulière de ce louage qui donne au fermier, pendant le bail, tous les attributs de la propriété.

Mais on ne doit pas oublier que « le mot risque désigne dans la langue du droit, un danger, un péril, *periculum*, d'une nature particulière ,consistant à supporter la perte ou les détériorations qu'une chose déterminée est exposée à subir par suite d'un cas fortuit ou de force majeure ». (Baudry-Lacantinerie.)

Il serait donc peu juridique de supposer que cette « mise aux risques » du fermier lui donne « les chances de gain ou de perte » de toute espèce (Montpellier), en prenant ce mot « risques » dans une acception vulgaire, rejetée même du langage correct.

En échange de ces risques, dit-on, en reprenant une mauvaise raison de la Cour de Lyon, le fermier « a droit à tous les bénéfices de la ferme telle qu'elle a été louée, c'est-à-dire même des animaux nécessaires à son exploitation; il acquiert tous les profits que les animaux prennent pendant la durée du bail ». (Cour de Montpellier.)

Ce n'est pas en échange des risques de perte ou parce que le fermier a ces risques, qu'il a droit à tous les bénéfices de la ferme et du troupeau pendant la durée du bail, c'est par le seul jeu du contrat de louage. Les risques de perte trouvent leur compensation dans les conditions générales du bail; on ne l'ignorait pas dans notre ancien droit.

« Tous les profits que les animaux prennent » est une formule inexacte qui suppose (au lieu de le démontrer) que l'expression « tous les profits » doit renfermer le profit de la plus-value.

La formule rationnelle serait : « Tous les profits que les animaux procurent pendant la durée du bail. »

Or la plus-value n'est pas un profit procuré par la chose, puisque pour être procurée, réalisée, il faudrait que la chose, le troupeau, soit vendue et que ce n'est pas là sa destination.

Du reste au moment où l'on constate cette plus-value, le bail est fini; on n'est plus « pendant la durée du bail ».

Donner la plus-value du cheptel au fermier ne se comprendrait pas plus que lui accorder la plus-value des autres objets loués : fonds, bâtiments, meubles, etc.; ce serait la négation des principes du louage qui laissent au propriétaire les éventualités de hausse ou de baisse, attribut naturel du droit de propriété.

Beaucoup peuvent préférer la situation de locataire ou de fermier pour ne pas avoir ces risques de baisse.

Ce ne serait pas un profit du cheptel qu'on accorderait au fermier, mais un profit sur le cheptel, en confondant ainsi les revenus du cheptel avec le capital lui-même.

Un autre argument présenté en faveur du fermier consiste à dire : On a fait une loi sous la Révolution pour obliger le fermier à rendre un cheptel de même valeur réelle; il en faudrait de même une aujourd'hui.

Il est facile de voir que si l'on a fait une loi, il n'en résulte pas du tout qu'elle était nécessaire pour permettre aux tribunaux de juger selon les véritables principes; elle n'avait d'autre nécessité que celle d'empêcher certains tribunaux d'admettre des prétentions contraires à toutes les règles du contrat de cheptel.

Une loi à l'heure actuelle n'est pas plus nécessaire; elle n'aurait pas d'autre utilité; car la loi existe, certains peuvent la méconnaître, « désobéir par esprit de servitude », selon la forte expression des rédacteurs du Code Civil : elle n'en est pas moins nette et impérative.

On a présenté beaucoup d'autres arguments pour défendre la prétention des fermiers (en temps de hausse); mais aucun ne résiste à un examen sérieux.

Pour la défense des droits du propriétaire, il semble que les arguments invoqués n'aient pas toujours été des mieux choisis.

On a soutenu en particulier que les parties n'ont pas pu prévoir la guerre et ses conséquences sur le cours du bétail, que la hausse excessive dépassait toute prévision; on a même été jusqu'à parler d'une hausse « normale » que tel propriétaire était disposé à payer; et l'on réclamait la résiliation du contrat sous prétexte « d'imprévision ». C'était fort mal poser la question.

Si le bailleur en effet a réellement et uniquement envisagé la restitution d'une certaine somme d'argent, il est bien spolié, mais son cas n'est pas différent de celui de tous les créanciers de sommes d'argent.

Quant à dire qu'il ne pouvait pas prévoir ce qui lui arrive, l'existence de l'article 1895 du Code Civil, permettant à l'Etat de faire de la fausse monnaie, disposition pieusement conservée, malgré les flétrissures des jurisconsultes et des économistes, rend cette affirmation un peu hasardée.

Mais, en réalité, le contrat de cheptel porte sur un cheptel et non sur une somme d'argent : c'est là le nœud de la question.

On peut admettre que les contractants n'ont pas toujours compris le caractère du contrat, que beaucoup de propriétaires eussent été surpris, si on leur avait demandé ce qu'ils entendaient retrouver, leur cheptel ou leur argent. Cependant, en dehors du cas où il est clairement démontré que les parties n'ont eu en vue que le remboursement d'une somme d'argent, la seule interprétation de la volonté des parties qui s'accorde avec l'intention du législateur est celle qui résulte du but même du contrat : la conservation du cheptel de fer.

Le législateur révolutionnaire, proclamant les principes traditionnels de la matière, jugeait impossible que les parties aient pu vouloir autre chose : on n'a jamais apporté aucune preuve que cette conception ne fût pas celle des rédacteurs du Code Civil.

En disant que l'exécution plus onéreuse du contrat ne permet pas sa résiliation, on se contente d'affirmer que l'obligation porte sur une valeur en argent, sans en donner aucune justification.

Ceux qui, hypnotisés par certaines formules de baux, s'arrêtent à des expressions équivoques, sans vouloir en comcomprendre l'origine et la portée, oublient ou méconnaissent le caractère simplement indicatif de l'estimation. Ils l'avouent du reste ingénument en disant qu'elle est « inutile et sans cause » quand on veut uniquement retrouver un cheptel semblable : il suffit, disent-ils parfois, d'indiquer le poids, l'âge, la qualité. On pourrait leur demander au nom de quel principe ils prétendent imposer ce procédé plutôt qu'un autre.

Au reste, si c'était vraiment un procédé merveilleux, il est probable qu'il eût été employé de préférence et généralisé, alors que c'est principalement par suite d'une certaine jurisprudence qu'on a vu dans certaines régions rechercher les moyens d'échapper aux conséquences de cette jurisprudence; mais rien n'empêchait la Cour de Lyon en 1874, et certaines autres Cours aujourd'hui, de comprendre la nécessité d'employer l'estimation comme elle devait l'être; et rien n'empêche encore aujourd'hui les contractants de conserver l'estimation traditionnelle, et de spécifier que cette estimation n'est qu'indicative de la qualité, ce qui devrait être superflu, comme l'ont compris bien des tribunaux, respectant l'intention des parties en même temps que la loi.

La vérité c'est qu'il n'existe pas de procédé qui s'impose pour décrire un cheptel, surtout dans les conditions où se font les expertises; et il existe encore moins de moyen infaillible d'assurer, en fait, la restitution d'un cheptel semblable. Toute description servira simplement à connaître la valeur vénale du cheptel pour fixer les indemnités compensant « l'amélioration ou la détérioration » suivant l'expression de Pothier. Il est assez naturel qu'on fixe dès l'origine cette qualité par l'indication du prix, ce qui donne le montant des indemnités par une simple soustraction dans le cas où les cours sont semblables au début et à la fin du bail.

Sans rappeler que l'usage des bascules obligerait parfois à un long parcours, même aujourd'hui, on peut dire que le poids et l'âge ne sont rien par eux-mêmes, et n'entrent que comme éléments dans cet ensemble de modalités si complexes qui constitue la qualité d'un animal. Dire qu'il faut indiquer la qualité, c'est oublier qu'on en cherche justement le moyen, et que le moyen de l'estimation a paru de tout temps le plus simple, et en même temps suffisant pour garantir une équivalence qui ne saurait, par aucun procédé, être absolue.

Il suffit d'employer ce « moyen » comme il doit l'être. Il s'agit de la restitution de choses fongibles, et, comme on l'a dit sous des formes variées : « On ne considère la valeur que pour fixer la qualité, c'est-à-dire qu'on tient compte de la valeur de la chose par rapport à elle-même, non de sa valeur par rapport aux autres choses. » (Marcadé et Pont).

Dans la plupart des cas, les tribunaux qui ont appliqué l'article 1821 littéralement s'étaient trouvés en présence de conventions dont le texte équivoque pouvait prêter à discussion, si l'on voulait faire abstraction de l'intention des parties et du but du contrat. On y voyait par exemple le propriétaire promettre « un cheptel de six mille francs », « une valeur de cheptel de dix mille francs » et autres formules diverses. Le bail mentionnait pourtant d'ordinaire que le fermier recevait ou recevrait tant d'animaux de telles espèces, et devrait rendre la même valeur, un cheptel de même valeur, etc., etc.

Le simple fait d'indiquer les quantités et les espèces, dénote bien qu'on y attache de l'importance; or, ces indications sont absolument incompréhensibles si elles n'ont aucune utilité, si la restitution porte sur un prix, sur une valeur de bestiaux en argent.

La Cour de Riom, confirmant un jugement d'Aurillac, a suivi l'exemple de la Cour de Lyon en 1874. (Cour de Riom.

Audience du 29 juillet 1920. Prés. de M. Wolff, *Gaz. Pal.*, 8 janv. 1921.)

En présence d'un contrat prévoyant en termes formels une restitution inverse de celle qu'on tire, à tort, de l'article 1821, elle applique l'interprétation judaïque de ce texte dans un cas où cette application ne pouvait se faire qu'en violant toutes les règles. Le bail, en effet, ne mentionne aucun prix.

Plusieurs mois d'avance le bailleur s'engage à fournir, avec la ferme, un certain nombre d'animaux d'espèces déterminées, ainsi que le cheptel mort (outils et instruments d'agriculture), existant sur la ferme. Il est stipulé que le fermier devra rendre « le tout tel qu'il l'aura pris ». C'est la formule du législateur de l'an 3.

Le propriétaire était donc tenu de livrer au preneur, à l'époque convenue, les animaux promis, quel que fût leur prix. Il avait ainsi les risques de perte, les éventualités de hausse ou de baisse, pour son compte; c'est donc incontestablement une valeur en nature, un cheptel réel qui est promis. Peut-on imaginer que le propriétaire qui livre ainsi un cheptel déterminé envisage la restitution d'une valeur en argent? Cela paraît impossible : c'est pourtant ce qu'a jugé la Cour de Riom, par des motifs empruntés à l'arrêt de 1874, et aussi sans doute aux idées personnelles du rédacteur de l'arrêt.

Dans le cas soumis à la Cour de Riom, à l'entrée du fermier, un inventaire avait été dressé, comme le prévoyait le bail, pour indiquer ce que recevait le fermier et par suite ce qu'il devait rendre. Cet état indiquant les quantités, espèces, qualités, comportait en même temps l'estimation traditionnelle du cheptel et les estimations de différents objets : cela suffit, aux yeux du rédacteur de l'arrêt, à transformer tout l'esprit et toute la lettre du contrat, et à justifier l'application de l'article 1821.

Le fait que le bail lui-même ne parlait nullement de valeur en argent, montrait assez que « l'estimation n'est point une partie intégrante du contrat », comme on disait en l'an 2, qu'elle n'avait pour but que de « constater la valeur réelle... afin d'assurer au propriétaire l'entière restitution du dépôt qu'il fait entre les mains du locataire...; de prévenir les effets de la négligence, de l'ignorance, de la cupidité et de la mauvaise foi... »

Enfin l'inventaire lui-même, bien que portant des estimations, prenait soin de dire que le fermier s'engageait à rendre « mêmes quantités, qualités, valeurs naturelles et espèces ».

Pour l'auteur de l'arrêt, cela signifie « un cheptel du même prix ».

On remplace ainsi des conventions formelles, conformes à l'intention évidente des parties et à celle du législateur, répondant pleinement au véritable caractère comme au but du cheptel de fer, respectant les règles du droit, de l'équité, de la bonne foi et du bon sens, par un contrat imaginaire absolument opposé.

Pour excuser cette violation des articles 1134, 1800 et 1803 sans parler de celle des articles 1821 à 1826, on n'apporte aucune raison de fait ou de droit.

On affirme que les parties s'étaient conformées à la règle de l'article 1821 lors des précédents règlements de compte, alors qu'on est en présence du premier, seul et unique règlement possible. Si l'on pouvait dire que le fermier avait en entrant payé au précédent fermier la valeur des animaux ou une partie de cette valeur, on pourrait soutenir que, le fermier ayant payé tout ou partie du cheptel, il y avait lieu de l'indemniser; mais ce n'était pas le cas : le cheptel avait été fourni gratuitement. Toutes les obligations du fermier, tous les droits du propriétaire étaient renfermés dans l'acte de bail et son accessoire l'inventaire.

L'arrêt ajoute que la règle de la loi ne saurait être modifiée que par une convention expresse. Où trouver une convention plus expresse que celle qui oblige le fermier à « rendre le tout tel qu'il l'aura pris », que celle où le fermier s'engage à rendre à la fin du bail mêmes quantités, mêmes qualités, mêmes espèces, mêmes valeurs naturelles? Comment déroger plus formellement à la loi si celle-ci organise, comme on le suppose du reste à tort, la restitution d'un cheptel du même prix?

L'arrêt reproche à la propriétaire de n'avoir pas expliqué cette dérogation au droit commun (?) dans un renouvellement de bail, constituant une simple prolongation du bail primitif, « précaution d'autant plus utile que les parties n'étaient plus les mêmes ».

C'est le renversement des idées fondamentales sur les droits et les obligations des héritiers et ayant cause, la suppression de l'article 1122; car ces parties qui « n'étaient plus les mêmes » étaient la fille du bailleur et le même preneur. Ces parties n'avaient aucune explication à fournir sur les conditions de restitution qui continuaient à être réglées par le premier bail et l'inventaire.

Ces parties auraient du reste été bien mal inspirées de dire qu'elles dérogeaient au droit commun, car le droit commun, quoiqu'en pense la Cour de Riom, c'est la restitution d'un cheptel semblable, en nature.

L'arrêt ajoute que réclamer l'exécution des conventions, une restitution en quantité et qualité, c'est « rendre inutile l'estimation du troupeau..., mais inutile pour le bailleur (?), lequel ne peut prétendre qu'à la restitution en bestiaux du prix de l'estimation ». C'est là affirmer simplement ce que l'on cherche vainement à démontrer.

Le bailleur ne peut « prétendre qu'à la restitution en bestiaux du prix de l'estimation, tandis que le cheptel mort faisait l'objet d'une description et d'une évaluation précises ».

La Cour oublie d'ajouter que ce « tandis que » n'a engendré aucune différence dans ses décisions : elle a suivi la même règle pour les objets estimés individuellement, ruinant ainsi jusqu'à l'apparence d'argument qu'elle présentait! L'article 1821 qui vise uniquement le bétail ne peut servir d'excuse à une solution qui est en contradiction avec tous les usages locaux et la jurisprudence même de la Cour et du Tribunal relative au cheptel mort.

« Attendu, dit l'arrêt..., que toute discussion sur l'emploi du terme « valeur naturelle » et sur le sens que les parties ont voulu lui donner est oiseuse... ». La discussion est si peu oiseuse que c'est toute la question! et ne valait-il pas autant dire, comme le Tribunal, que l'expression « valeur naturelle est dénuée de sens »!

La Cour a beau vouloir escamoter l'expression « valeur naturelle », il lui faut encore supprimer les mots « quantités, qualités, espèces », ou les déclarer également « dénués de sens ».

« Les parties l'ont employé (ce terme de valeur naturelle) sans même se rendre compte que l'état de réception le contredisait dans son intitulé même ». Cet intitulé vise les bestiaux, meubles, outils d'agriculture, effets et autres objets remis en conséquence du bail passé par M. Baduel au sieur Troupel pour être rendu à la fin du bail de même valeur, qualité et nature ». Où voit-on une contradiction? Serait-ce dans l'obligation prévue de rendre tous ces objets « de même valeur » qualité et nature? Evidemment, si l'on veut, à tout prix, qu'il n'y ait qu'une seule « valeur », l'argent; mais alors on ne pourra même plus parler de la « valeur » d'un magistrat!

Il suffit de renvoyer à Demolombe ceux qui ne comprennent point que le mot « valeur » dans l'expression « de même valeur, qualité et nature », ne peut être synonyme de prix ou valeur vénale, parce qu'on ne doit pas supposer, à *priori*, l'absurdité chez les contractants.

Dire, comme le fait l'arrêt, que les parties ont employé ce terme (valeur naturelle), « parce qu'il leur a paru conforme à la loi et répondre aux conventions et à l'usage », c'est reconnaître que les parties ont vu, dans une restitution en même quantité et qualité, le droit commun; ce qui répond à la conception rationnelle du cheptel de fer, en même temps qu'à l'idée traditionnelle, constatée à toute époque, relative à la nature de ce contrat.

CHAPITRE V

Si le droit, (la loi sainement interprétée) oblige à reconnaître la portée réelle des articles 1821 à 1826, l'équité et le bon sens nécessitent la même interprétation.

Ne serait-il pas aussi injuste de ruiner le fermier par suite d'une simple baisse des cours, qu'il serait inique de dépouiller le propriétaire sous prétexte d'une hausse des cours qui ne lèse en rien le fermier, et qui ne profite pas au propriétaire, dont le cheptel n'est pas à vendre, et peut, le lendemain du départ du fermier, revenir aux prix de la première estimation et même à des prix beaucoup plus bas.

· Il paraît bien également contraire au bon sens de supposer qu'un fermier, à qui le propriétaire n'a le plus souvent fourni le cheptel que par suite du manque de ressources de son locataire, pourra, en cas de baisse des cours, rendre dix, vingt, cent... un nombre illimité de cheptels semblables; où les prendrait-il?

N'est-il pas de même contraire au bon sens de supposer qu'un propriétaire consente à perdre son cheptel (*membra fundorum*, disaient les anciens auteurs), à la suite d'une simple hausse des cours?

C'est bien l'opinion de tous les temps que rapporte dans son *Traité des cheptels* (1765), un ancien avocat au Parlement de Bourgogne lorsqu'il écrit : « Il ne serait pas juste que pour faire valoir un héritage ou pour prendre soin du bétail d'autrui, on pût s'en attribuer la propriété sans y rien contribuer; il ne se trouverait personne qui voulût contracter à une condition si onéreuse pour le propriétaire. »

Le bon sens est donc pleinement d'accord avec le droit et l'équité, pour éclairer l'interprète, ce qui justifie le conseil donné par le maître distingué qui écrivait : « J'ai toujours enseigné que dans un conflit apparent entre le bon sens et le droit, on est plus sûr d'atteindre la solution juste en suivant les suggestions du bon sens. « (Berthélemy.)

Les conséquences morales et sociales du système qui est la négation du cheptel de fer eussent dû suffire à ceux qui n'apercevaient pas les motifs de droit et d'équité pour les empêcher de sanctionner une injustice.

On s'est à bon droit étonné de voir l'Académie d'Agriculture déclarer en 1918 : « Il nous paraît équitable et légitime que le fermier profite seul de la plus-value ou subisse seul la moins-value. »

L'Académie d'Agriculture possède une Section de Législation et une Section d'Economie des animaux. Un hasard singulier a voulu que l'examen de cette question de droit fût renvoyé à la Section d'Economie des animaux!

Le rapporteur n'en a pas moins donné les raisons d'ordres divers sur lesquelles il basait son opinion. Elles eussent, à vrai dire, paru singulières à la fin du xviiie siècle.

Peut-être ne parurent-elles pas décisives à l'Académie elle-même dont la Section de Législation n'avait pourtant pas cru devoir protester contre sa voisine.

En 1919, en présence de cours notablement plus élevés, l'Académie comprend que le système « équitable et légitime » peut présenter quelques inconvénients.

Adoptant des idées venues du dehors, elle décida « d'approuver et de propager » un système de restitution « en mêmes nombres, poids et qualité », supposant bien que tout le mal venait de l'estimation, et non de la manière de s'en servir.

Le jurisconsulte, le moraliste, l'économiste se demandent comment certains esprits, et non des moindres parfois, admettent si facilement ou même avec enthousiasme des transferts de propriété qui soulevaient l'indignation des hommes d'autrefois.

Les rédacteurs du Code civil témoignent peu de faveur, on le sait, aux mutations de propriétés, au contrat aléatoire, à la spéculation.

Ils en avaient vu les funestes effets : ils auraient repoussé de toute leur force un système qui paraît aujourd'hui « équitable et légitime ».

Sabonadière, dont nous connaissons l'opinion sur le cheptel de fer, fut peut-être le premier, écrit M. Marion, « qui ait eu le courage, dès l'hiver de l'an III, de s'attaquer nettement à l'ancienne superstition révolutionnaire que l'assignat valait l'argent, qu'il fallait être mauvais citoyen pour se refuser à le croire, et de montrer que c'était précisément cette fiction qui donnait beau jeu à l'agiotage et à tous les genres de rapine ».

« Par le système immoral et désastreux que nous suivons aujourd'hui dans nos finances, écrit Sabonadière, un grand nombre de particuliers sont lésés, et beaucoup sont ruinés et souffrent sans l'avoir mérité : les propriétés qui devraient être sous la sauvegarde publique, sont manifestement violées, la nation en donne malheureusement l'exemple, et punie *justement* de son injustice, elle est forcée de recevoir elle-même des valeurs inférieures... Les fraudes deviennent ainsi légales, la morale se pervertit, la société est sapée dans ses fondements; et si ce système continue, il ne peut qu'en résulter des maux terribles, des mécontentements naturels et incalculables, et des désastres affreux... »

Dupont de Nemours flétrissait comme il convient « ce scandale horrible de toutes les consciences vaincues par le plus vil intérêt, pratiquant le vol au nom de la loi... sensibles au dégoûtant plaisir d'acquitter une grosse dette avec rien » et les effrayants progrès de la démoralisation générale dans toutes les classes, même parmi les gens les plus honnêtes jusque-là. (Marion.)

Ces phénomènes qui sont le résultat fatal de l'existence d'un papier-monnaie déprécié, ont été décrits par tous les économistes.

« C'est prendre dans la poche de l'un pour mettre dans la poche de l'autre », nous dit l'économie politique (*Nouv. dictionnaire d'Economie politique*, L. Say et Chailley.) La justesse de cette remarque ne peut échapper aux victimes d'une interprétation littérale de l'article 1821.

« On détruit, ajoute le même ouvrage, en faisant éprouver à la monnaie des changements de valeur, la base même de la vie économique; on transforme les affaires en jeu, et on diminue les motifs de l'épargne en même temps que le crédit privé et public. »

Le droit, la morale, l'économie politique, s'opposent donc au système qui entend attribuer au fermier les éventualités de plus-value et de moins-value.

Si le régime du papier-monnaie permet de voir plus facilement la fausseté de ce système, comme sous la Révolution, en 1871, et aujourd'hui, il ne faudrait pas croire que le papier-monnaie soit seul capable de gêner le bon fonctionnement du contrat de cheptel si l'on n'envisage que la restitution d'un cheptel du même prix.

La difficulté pourrait être identique, même en temps de saine monnaie; car, malgré qu'on l'oublie bien souvent, la valeur de la monnaie peut varier comme celle des autres marchandises, et la valeur du bétail est sujette à de grandes variations, elle aussi.

Il est donc indispensable d'admettre, si l'on veut conserver un cheptel de fer, que le fermier ne peut se libérer de son obligation de restituer, en rendant un cheptel du même prix.

Comment expliquer ces décisions judiciaires qui ne paraissent pas le comprendre et qui pensent appliquer la loi lorsqu'elles en violent et l'esprit et les textes?

Peut-être grâce aux lignes pessimistes du doyen de la Faculté de Droit qui déplorait « l'affaiblissement du sens « moral, l'abaissement des caractères, l'ignorance ou la mécon- « naissance des principes de la science sociale du droit et de « la justice...

« La bonne foi disparaît des contrats, ajoutait M. Glasson, « la notion vraie du droit est aussi altérée que celle de la loi « morale...

« On ne sait plus distinguer les lois d'ordre public, et « comme telles obligatoires pour tous, des lois de pur intérêt « privé, plutôt offertes qu'imposées aux citoyens et auxquelles « le principe de la liberté des conventions permet de déroger. »

Le funeste arrêt de 1874, dont les motifs ont été en général reproduits sans le moindre examen critique, explique, sans les excuser, les erreurs d'une partie de la jurisprudence actuelle. Mais n'est-il pas admis que « si l'intérêt général « demande que le juge ne s'écarte pas sans de graves motifs, « des solutions consacrées par la jurisprudence, il est « cependant de son devoir de ne pas se laisser arrêter par des « précédents dont la doctrine ou l'expérience lui auraient « démontré l'erreur ou les inconvénients ». (Aubry et Rau.)

Il est à désirer que les réclamations des propriétaires lésés par la hausse, combinées peut-être bientôt avec celles des fermiers lésés par la baisse, amènent les tribunaux à reconnaître unanimement la nature essentielle du contrat de cheptel de fer et la véritable portée des articles 1821-1826 du Code Civil.

TABLE

CHAPITRE I

CHAPITRE II

CHAPITRE III

CHAPITRE IV

CHAPITRE V

Imp. Brugière & Soullier, 38, rue Madame, Paris-6e

9 782329 086330